UN MARTYR

(ÉPISODE DE L'ANNÉE TERRIBLE)

PAR

Noël AMAUDRU

Ex-rédacteur du Progrès de la Somme et de l'Avant-Garde

POLIGNY

IMPRIMERIE DE G. MARESCHAL

1877

UN MARTYR

(ÉPISODE DE L'ANNÉE TERRIBLE)

PAR

Noël AMAUDRU

Ex-rédacteur du *Progrès de la Somme* et de *l'Avant-Garde*

POLIGNY

IMPRIMERIE DE G. MARESCHAL

—

1877

UN MARTYR

J'ai écrit quelque part : « Dans la vie la plus humble, il y a un roman, c'est-à-dire une page écrite avec du sang et des larmes. On va me trouver bien original, mais j'avoue que je suis tenté parfois d'arrêter les passants et de leur demander le récit de leurs luttes et de leurs souffrances (1). »

C'est que rien n'est plus romanesque que la vérité, rien n'est plus vrai que le roman.

Prenez au hasard cet homme du peuple que vous voyez passer là, devant vous, fouillez l'existence obscure de ce forçat du salariat, vous ne tarderez pas à constater que, sous sa livrée grossière, s'agite un monde de poésie, des drames poignants, des situations émouvantes à défier l'imagination des plus fertiles romanciers. C'est le roman du travail et de la misère.

Interrogez cette mère : en quelques mots venus du cœur et avec un accent que vous n'oublierez jamais, elle va vous raconter ce qu'elle avait placé de tendresse et de sollicitude

(1) *Courrier d'Oran*, 26 août 1874.

sur la jeune et insouciante tête de son enfant, et comment, suivant une charmante expression qu'on ne peut attribuer qu'à une mère, après lui avoir fait son nid dans la vie, elle a vu la main lourde et brutale de la guerre faucher toutes ses espérances et anéantir tous ses rêves d'avenir. C'est le roman du dévouement et de l'amour, de l'amour vrai, parce qu'il est le seul désintéressé.

Donnez à ce simple récit pour encadrement les souvenirs tragiques de *l'année terrible*, et pour accompagnement, le grondement sinistre des caissons prussiens sur le sol français. Reportez-vous au lendemain de nos désastres, représentez-vous le fourmillement noir des masses ennemies; pour nos soldats, des souliers de carton et pas de pain; d'un côté l'incapacité, de l'autre la trahison.

A ce moment, il y avait au fond d'un village du Jura un jeune homme, presqu'un enfant — il n'avait pas dix-huit ans. — L'image éplorée de la jeune République palpitant sous le talon des Allemands s'est dressée devant lui; il a entendu dire qu'il fallait au moins sauver l'honneur, alors il s'est souvenu de 92 et il a endossé l'uniforme du volontaire.

Quelques semaines après, on rendait à sa mère un cadavre affreusement mutilé.

Eh bien! je le demande, n'y aurait-il aucune utilité à signaler à notre jeune génération l'exemple fortifiant de ce fils de famille qui n'a pas cru déroger en mêlant son sang aristocratique au sang plébéien et en faisant à la République le sacrifice de ses dix-huit ans?

Ah ! je le sais, il s'est élevé du sein même de la démocratie une voix pour proclamer ces paroles démoralisantes : « Plus de dévouement ! L'âge chevaleresque du parti républicain est passé ! »

L'homme qui a dit cela, lorsqu'il était au pouvoir, s'est infligé par avance un éclatant démenti. Il est le même qui, rappelant le mot de François Ier, à Pavie, a dit qu'il fallait au moins sauver l'honneur de la France.

Non, l'esprit de dévouement n'est pas un archaïsme, comme l'ont prétendu certains esprits moroses. Il vit, il palpite surtout dans notre ardente jeunesse : elle n'a pas encore eu le temps d'acquérir cette science de la vie que Louis Blanc a admirablement définie, la science de l'égoïsme.

Le travail que j'ai entrepris est une démonstration frappante de cette vérité. On dit que l'ère des martyrs est close : l'exemple de Léon MESNY DE BOISSEAUX réfute ce honteux paradoxe d'une façon souveraine.

Puisse cet exemple porter ses fruits ; puisse cette œuvre modeste, mais consciencieuse, réveiller dans tous les cœurs ces nobles sentiments, ces aspirations généreuses, qui sont l'éternel honneur de l'humanité !

Dans cette brochure vous trouverez, vous aussi, pauvres femmes, un écho de vos propres douleurs. N'aviez-vous pas toutes, en effet, là-bas, faisant face à l'ennemi, quelque être chéri sur le sort duquel vous avez bien souvent tremblé, pleuré et prié? Peut-être même le drame qui va se dérouler devant vous sera-t-il d'un cruel à-propos !

Aussi, vous vous joindrez à moi pour maudire non-seulement la guerre, dernier vestige de la barbarie, mais la monarchie, qui est une des sources principales de la guerre.

Le jour où vous serez bien convaincues que la République est basée sur l'inviolabilité de la vie humaine, que le but glorieux que nous poursuivons, notre idéal, notre symbole, notre religion, c'est la *fraternité universelle*, ce jour-là, vous fermerez l'oreille aux suggestions malsaines, vous élèverez vos enfants dans le culte de l'idée démocratique et vous serez les véritables ouvrières de l'avenir.

*
* *

Non loin de ce poétique Val d'Amour peuplé de si gracieuses légendes, au bord de la Loue qui y déroule ses méandres infinis, enveloppé dans la chaude atmosphère d'un climat essentiellement terrien, qui est déjà celui de la Bourgogne, une mère habitait avec son fils.

La naissance de ce dernier était le fruit d'une heureuse sélection. De sa mère, dernier rejeton d'une famille de preux, il tenait une délicatesse exquise de sentiments, une distinction innée et je ne sais quoi de tendre et de fier qui attirait et imposait tour-à-tour. De son père, il tenait une rare énergie morale, une disposition naturelle à la bonté et à l'expansion, tout cet ensemble enfin de qualités essentiellement plébéiennes qui composent ce que je nommerai la *sociabilité*.

Sur sa noble figure, on retrouvait cette double influence : on sentait, en voyant cet adolescent mâle et svelte, au front dégagé, avec ses yeux vifs et profonds, avec sa magnifique chevelure noire et l'élégante proportion de ses membres, que deux fortes races s'étaient incarnées en lui et y avaient marié leur force et leur rayonnement.

Léon Mesny était le dernier fils de sa pauvre mère, qui avait perdu successivement son mari et ses premiers enfants.

Le trait caractéristique, la dominante, pour ainsi parler, de son excellente nature, semble avoir été la bonté.

Un jour, une pauvre femme du village de .... vint trouver Mme Mesny et lui confia que son fils lui avait apporté en cachette de l'argent pris sur son petit boursicot.

Pendant la campagne, le jeune homme s'apercevant que plusieurs de ses compagnons d'armes manquaient de linge, il employa immédiatement les 70 francs qui lui restaient à leur acheter des chemises.

En maintes circonstances, il partageait sans façon avec ses camarades l'argent et la nourriture qu'il avait à sa disposition. « Mets-toi là, ami, disait-il souvent à un franc-tireur pauvre avec une bonhomie charmante, et fais comme moi. »

La bonté est une des plus précieuses et des plus nobles qualités de l'homme. La religion nomme ce sentiment charité ; nous l'appelons, nous, fraternité. Pour les uns, c'est un sentiment inné en nous qui trouve sa récompense dans les actions qu'il nous dicte ; pour les autres, c'est un de nos devoirs les plus indispensables.

Lorsque la bonté aura été élevée à la hauteur d'une institution sociale, lorsqu'elle se sera fixée dans nos lois et dans nos constitutions, lorsqu'elle animera de son souffle puissant la société tout entière, alors le progrès cessera d'être un rêve et l'égalité d'être un mirage décevant.

En attendant, il est beau de voir, il est doux de constater que, dans un état social basé sur le combat pour la vie, ou, comme on l'a dit en termes énergiques, sur le même principe que le duel au couteau, certaines natures réagissent contre leur milieu, contre les préjugés dont ils sont enveloppés de toutes parts, pour se mettre franchement et courageusement du côté des faibles et des petits.

La bonté tombant d'en haut, s'exerçant par la seule initiative individuelle, est le témoignage d'une âme naturellement républicaine.

Je ne sais pas quelles furent les idées de Mesny sur ce point; mais s'il est vrai, comme on l'a répété souvent, que le gouvernement de la République est celui qui exige le plus de vertus, Mesny avait trop de vertus pour n'être pas républicain.

De plus, chez lui, cette admirable disposition naturelle était relevée par un continuel entrain, par une inépuisable gaieté et par un enjouement singulier.

Ainsi, à son départ pour le collége, il suivit la voiture qui emportait son léger bagage, en chantant et en jouant du flageolet.

Ses études, commencées à Arbois, s'achevèrent à Dole. C'est là qu'il forma ces amitiés solides, basées sur une mutuelle estime, qui devaient faire le charme de sa vie, trop courte, hélas !

Et maintenant, comment raconter cette existence simple, sobre, d'une seule venue, remplie d'un côté par l'étude et l'amitié, de l'autre par l'amour d'une mère ?

Qui écrira jamais ce chaste poème de l'amour maternel ?

A ces deux êtres qui se suffisaient l'un à l'autre, et pour qui l'étroit horizon du village résumait l'univers, ne peut-on appliquer ce beau vers de Lamartine : Est-ce

« Une âme qui commence, une qui continue ! »

Nous voici au lendemain de nos désastres.

Un long cri de détresse succède aux cris d'enthousiasme qui avaient accueilli le départ de nos soldats.

Une fausse éducation a tellement exagéré chez nous la fibre nationale ; elle nous a tellement inoculé le chauvinisme, que quiconque eût osé prédire l'issue probable de la lutte engagée, eût passé pour un espion, pour un vendu.

M. Thiers a pu s'en apercevoir.

Mais il y a en France quelque chose de plus fort que le chauvinisme, c'est l'esprit de routine.

Quelques esprits clairvoyants soutinrent qu'à un mal violent, il fallait des remèdes héroïques ; ils parlèrent de nettoyer les écuries d'Augias de l'Empire, et d'opposer à l'Allemagne féodale la Révolution armée.

Le fameux mot d'Alphonse Karr : « Plus on change, plus c'est la même chose, » reçut une nouvelle confirmation.

Mais, si l'on se place à un point de vue plus élevé, si, abandonnant le terre-à-terre de la réalité, nous cherchons à trouver le pourquoi des choses, la raison d'être des évènements, la philosophie de l'histoire nous apprend que ces terribles catastrophes étaient peut-être un bien pour la France. Outre qu'elles étaient une inévitable conséquence de la politique extérieure de l'Empire, elles contribuèrent pour une large part à dégoûter les populations rurales de tout gouvernement personnel, et à ressusciter dans l'âme de tous les Français ces sentiments chevaleresques, qui ont fait dire de nous que nous étions les seuls capables de nous battre pour une idée.

Quoiqu'il en soit, le triple désastre infligé à notre drapeau eut un retentissement profond dans les moindres villages. Des milliers de volontaires se dressèrent en sursaut au bruit du canon ennemi. Toutes les classes de la société oublièrent un instant leurs vieilles querelles.

Malheureusement les Carnot et les Hoche manquèrent à la jeune République.

La famille dont nous avons esquissé le modeste intérieur ressentit le contre-coup de cette violente commotion. Un jour, Léon Mesny déclara à sa mère qu'il voulait revendiquer sa part dans les dangers et voler à la frontière. La mère tressaillit à ces mâles paroles, qui accusaient une volonté formelle d'arriver à ses fins.

Notre imberbe héros n'entendait pas, en effet, se contenter d'un dévouement platonique. Il partit pour Lons-le-Saunier afin d'y contracter un engagement; sa mère, inquiète, était sur ses traces et ne tarda pas à l'y rejoindre.

Ce projet échoua.

Et le jeune homme calme et souriant répétait : «Il faudra bien que je réussisse. »

Ah! quand une fois une idée généreuse s'est emparée d'un jeune cœur, quand elle y a germé, allez donc l'en arracher! Et quand cette idée se présente à lui comme embellie de l'attrait souverain du dévouement, comment voulez-vous, à moins que son cœur ne soit atrophié par le vice, qu'il reste sourd à cette voix secrète qui lui dit : « Va, mon enfant, combats et meurs pour moi? »

Sur ces entrefaites, M. Cler organisa à Lons-le-Saunier une compagnie de francs-tireurs. Le Jura avait répondu avec empressement à son appel. Bon nombre de jeunes gens avaient tenu à s'enrôler sous son drapeau.

Léon Mesny, sur la première indication qu'on lui donna, se hâta de se mettre en rapport avec son futur capitaine, qui eut la prudence d'exiger le consentement maternel.

Revenu à ***, il obséda sa mère de caresses et de prières; il lui rappela les glorieuses traditions de famille, et tout en l'assurant de son ardente affection, ne négligea rien pour la convaincre que son parti était pris et que rien ne saurait lui imposer ce qu'il appelait une lâcheté.

Tous les pieux subterfuges de la mère échouèrent devant cette héroïque obstination.

Léon Mesny endossa l'uniforme de franc-tireur.

*
* *

Par son aménité, par sa nature ouverte et expansive,

il eut bien vite gagné le cœur de ses compagnons d'armes.

La compagnie se dirigea sur les Vosges : « C'est un pays charmant, écrit Léon à sa mère ; quand j'aurai fini la campagne, si je reviens, je t'emmènerai voir les lieux dévastés par les Prussiens... Conserve toutes mes lettres, car, hélas ! celle-ci est peut-être la dernière. »

Jamais, dans toute sa correspondance, l'ombre d'un regret ! Son sacrifice est fait ! Il va de l'avant, l'héroïque adolescent, impasssible et gai....

La liberté sublime emplissait ses pensées...

« J'ai vu l'ennemi, écrit-il ailleurs ; ils étaient 1200 environ, cela m'a fait quelque chose. Leurs vêtements sont si noirs, qu'ils m'ont fait l'effet de corbeaux portant un fusil. Ils ont reculé devant nous. »

Dans toute sa correspondance, on retrouve le même élan, la même vivacité juvénile, le même entrain.

Si ardent que soit son amour pour sa mère, plus fort encore est le sentiment qui l'a poussé à prendre un fusil.

Quelle admirable chose que la jeunesse, quand on lui a mis au cœur le culte de la justice et du dévouement ! Age d'or de la vie, où l'on est naturellement généreux, où l'on est extrême dans la vertu aussi bien que dans le vice, où la reconnaissance de la vérité implique l'obligation de s'immoler pour en assurer le triomphe, où, comme on l'a dit si éloquemment à la tribune française, « on pense uniquement à la clarté du cœur, ce grand flambeau de l'intelligence. »

*
* *

Mais les fatigues inouies de la campagne, l'inclémence de la saison, les marches forcées, les privations eurent bien vite raison de cette frêle nature d'adolescent. L'énergie morale de cet enfant fut mal secondée par son énergie physique; il dut revenir au pays, exténué, amaigri; la nature vaincue semblait lui dire : « Tu as suffisamment prouvé que tu étais un noble cœur; tu as donné largement ta part de dévouement; tu as mérité le repos dont tu peux jouir désormais sans scrupule! »

Ici se place un des épisodes les plus attristants et les plus mystérieux de cette lamentable histoire.

Léon était rentré sous le toit maternel, lorsqu'un homme qui, par le nom qu'il portait, par sa situation exceptionnelle et par le rôle louche qu'il a joué dans toute cette affaire, s'est attiré la juste rancune de Mme Mesny, parut presque en même temps à Arbois.

On l'entendit plaisanter odieusement sur la maladie du jeune franc-tireur et sur le repos forcé auquel il se livrait. Comme il connaissait à fond le tempérament nerveux du jeune homme, avec quelle perfide habileté il sut toucher chez lui la corde toujours vibrante de l'honneur !

Lorsque plus tard la pauvre mère, à qui est dédié ce travail, eut perdu son appui, le tout de sa vie, sa religion visible, la raison d'être de son existence dans la personne de son cher enfant, en face de ce cercueil où elle avait enseveli toutes ses espérances, toutes ses pensées d'avenir, elle se prit à songer au mobile secret qui poussait cet homme à arracher son fils d'entre ses bras pour l'envoyer à la mort, et quelle mort,.... hélas !

Malgré elle, un soupçon poignant lui traversa l'esprit. Un mot terrible tomba de ses lèvres, qu'elle n'a cessé de répéter depuis : « L'acharnement avec lequel ce monsieur poursuivit mon fils de ses sarcasmes et de ses quolibets, certains faits isolés, rapprochés de sa conduite et de ses paroles, tout me porte à croire qu'il y a là-dedans une *trahison domestique*, une *infâme spéculation*. »

Nous respectons la douleur de cette mère et nous n'hésitons pas à flétrir les honteuses démarches du personnage en question.

Léon Mesny avait bondi sous les reproches immérités dont il était l'objet. Sans écouter les objections de sa mère et de ses amis, il reprit son fusil et partit pour Dole.

Le 19 novembre, Mme Mesny recevait une de ces lettres laconiques, comme on en écrit entre deux batailles, sur une feuille arrachée d'un calepin, au bruit lointain de la fusillade.

Toutes les mères se souviennent de ces billets tracés d'une main fébrile, à la hâte, sur un genou, qui leur apportaient le souvenir de leur fils et qui, pour beaucoup d'entre elles, sont devenus des reliques.

« Sois tranquille, écrivait Léon, je n'ai jamais eu une santé aussi robuste ! Demain ou après nous nous battrons; je vois d'ici ton cœur maternel ! Au revoir, chère maman.

Ton fils qui t'aime et qui t'embrasse. »

Cette lettre devait être la dernière.

Par une touchante sollicitude, par piété filiale, Léon cherchait à rassurer sa mère.

Le soir de ce même jour, il se rencontra avec le même personnage auquel il a été déjà fait allusion ; et à un ami qui lui en parlait, en lui demandant l'explication de l'étrange persistance avec lequel cet homme l'excitait à se mettre en avant et à se dévouer, il fit cette réponse mystérieuse : « On a son plan ! »

Nous voici arrivés au terme de ce simple récit. Nous touchons au drame sanglant qui en est le couronnement lugubre.

Au moment où, sous son toit vide et désolé, une mère priait et pleurait, au moment où passaient dans son âme tourmentée ces ombres sinistres, symptômes avant-coureurs de quelque catastrophe irréparable, Léon faisait vaillamment le coup de feu contre l'ennemi. La compagnie du Jura s'était répandue dans le vignoble de Nuits et avait espacé ses hommes en tirailleurs.

C'était le 20 novembre, vers cinq heures du soir.

Léon Mesny était, comme d'habitude, au premier rang et se signalait par son sang-froid. Un sous-officier de sa compagnie nous a raconté qu'il l'aperçut alors pour la dernière fois.

L'ennemi arrivait en masse serrée et compacte. La position n'était plus tenable. Le capitaine Cler fit sonner la retraite.

« Que fais-tu donc, Mesny? lui cria le sous-officier dont j'ai parlé, tu perds tes cartouches! »

Le pauvre garçon, dans sa course précipitée, perdait effectivement ses munitions.

A partir de ce moment il le perdit de vue et Léon manqua à l'appel.

. . . .

Deux versions ont circulé sur les circonstances qui ont amené et accompagné sa mort ou plutôt son martyre.

Suivant les uns, Léon, au moment de la retraite, aurait été atteint d'un mal subit qui l'aurait contraint de s'arrêter et livré presque désarmé aux mains des Allemands.

Suivant les autres, emporté par l'élan impétueux de son courage, il se serait attardé à tirailler et aurait été alors enveloppé et surpris.

Un fait qui paraît acquis, c'est qu'il fut pris vivant et conduit au bas d'une vigne, à l'endroit même où, quelque temps auparavant, un Prussien avait été tué, et que là, on l'aurait mitraillé à bout portant avec son propre revolver.

On raconte même — légende touchante — que, lorsqu'on le conduisait au supplice, une femme lui demanda : « Où vous conduit-on, mon pauvre franc-tireur? » — « A la mort! répondit le jeune héros. Je vais leur montrer comment un Français sait mourir. » Les Prussiens, paraît-il, crurent devoir compléter leur œuvre sauvage en le frappant à coups de crosse et en écharpant sa pauvre dépouille.

« Les Prussiens, dit un poète de talent, ami et compagnon d'armes de la victime,

> l'avaient fusillé lâchement,
> Non point dans la fureur brutale du moment,
> Mais ils l'avaient frappé d'abord à coups de crosse,
> A coups de sabre, avec une lenteur féroce,
> Le poussant devant eux et du poing et du pied,
> Puis ils l'avaient tué sans honte, sans pitié :
> C'était presque un enfant, c'était un volontaire. »

Une lettre, adressée par un ami à Mme Mesny, ajoute quelques détails intéressants :

« Le 20 novembre 1870, après la retraite des francs-tireurs qui termina le combat de Nuits, la compagnie s'étant retirée à Villars-Magny, on fit l'appel, Léon Mesny fut porté absent avec une dizaine d'hommes de la compagnie du Jura. Quelques traînards rentraient de temps en temps, quand, vers 10 heures du soir, on apprit par certaines rumeurs qu'un franc-tireur avait été tué à Nuits.

Le lendemain, la colonne s'étant portée sur le village de Chaux, un de nos lieutenants partit avec dix hommes pour prendre des informations à la ville. La nuit suivante, nos hommes ramenaient malheureusement le corps de notre ami Léon, affreusement mutilé.

Le 22 novembre, à 9 heures du matin, toutes les compagnies réunies à Chaux se groupaient autour de l'église pour rendre les derniers devoirs à notre ami, martyr de courage et d'héroïsme; le corps avait été déposé à la maison commune, au rez-de-chaussée.

A 9 heures, les francs-tireurs du Jura, le guidon voilé d'un crêpe, prirent place dans l'église, trop étroite pour contenir le reste du bataillon.

Tous pleuraient quand le cercueil entra, suivi du colonel Bourras qui, l'épée au poing, prit place dans le sanctuaire, en face du capitaine Cler.

Après la grand'messe et l'absoute, chantée par M. l'aumônier de la compagnie du Bugey, le cortège se mit en marche au milieu d'une haie de troupes du plus imposant aspect; deux mille hommes aux costumes variés étaient là.

A la sortie du village, quand le cercueil fut sur le point de prendre la route de Beaune, le colonel Bourras s'exprima à peu près en ces termes :

« Messieurs, un attentat inouï a été commis sur l'un des nôtres; contrairement à toutes les lois de la guerre, contrairement aux principes les plus élémentaires du droit des gens, les barbares que nons combattons ont tué un franctireur, c'est-à-dire un homme qui les combattait loyalement, avait qualité de belligérant.

« Je demanderai à l'état-major prussien un compte sévère de cet acte de sauvagerie et je me ferai un devoir de mettre au ban du monde civilisé la nation d'assassins et de brigands qui souillent en ce moment le sol de la France. Quoiqu'il en soit, Messieurs, notre ami, notre frère, que nous pleurons aujourd'hui, n'en restera pas moins pour nous un modèle de courage militaire et de dévouement à sa patrie; malgré sa jeunesse, il a fait son devoir de citoyen, il est mort en brave, et l'auréole dont la mort entoure sa mémoire n'est que la juste récompensé de son sacrifice. Adieu, jeune héros, frère, adieu! »

Après ces quelques mots, le capitaine Cler, d'une voix

émue, voulut remercier le colonel du témoignage d'estime et de sympathie qu'il donnait au Jura dans cette circonstance, mais l'émotion couvrit sa voix et l'on ne put que distinguer ces mots : « Adieu, Mesny ! Adieu, Léon ! »

A ce moment, tous, jeunes et vieux pleuraient.

La voiture partit accompagnée de deux francs-tireurs. Le capitaine fit former le cercle à la Compagnie, et, dans une allocution énergique, exprima ses projets pour obtenir raison de la mort de notre ami auprès du général Verder, ajoutant qu'il en ferait une affaire toute personnelle, au cas où la lettre du colonel resterait sans réponse.

A midi, nous nous battions au Clos-Vougeot.

5 janvier 1874. »

Un ami intime de Léon, Paul L...., s'était chargé de la délicate mission de préparer la pauvre mère au coup terrible qui l'attendait. N'avons-nous pas tous dans la vie, a écrit nous ne savons plus quel penseur, notre Golgotha où nous laissons nos meilleures années clouées par le cruel marteau du malheur et couronnées d'épines, et où nous recevons un coup de lance au cœur ?

Le christianisme nous a légué une navrante image de la souffrance : c'est celle de cette mère de douleur — *mater dolorosa* — qu'il nous représente tenant sur ses genoux le cadavre de son fils unique, atterrée, anéantie....

Mme Mesny n'hésite pas. Elle veut retrouver au moins ce qui reste de son enfant. Elle traverse les lignes prussiennes ; l'amour maternel, exalté en elle jusqu'à l'héroïsme, lui prête force et courage.

Enfin, après un lamentable pèlerinage semé de dangers et d'angoisses de toute nature, elle revient à ***, ramenant avec elle le fatal cercueil.

L'âme naturellement religieuse de cette mère s'attendait à trouver auprès des ministres de son Eglise ces consolations suprêmes, ces lumières surnaturelles dont sa foi vivace et ardente avait depuis longtemps fait pour elle une pieuse habitude en même temps qu'une nécessité.

Or, les hommes auxquels elle s'adressa, oubliant que leur mission en pareille circonstance devait se résumer dans ces quelques mots : prière, douceur, compassion, charité..., parurent avoir pris à tâche de justifier et d'absoudre à l'avance les cris de haine qui saluent souvent leur passage et les préventions dont ils sont l'objet.

Nous flagellerons sans pitié ces pharisiens de la nouvelle loi, et, au nom même de la religion, nous montrerons quel abîme sépare leurs actes de leurs doctrines.

Le 30 novembre, le curé de *** se présente chez Mme Mesny. Il paraît que ce monsieur se figure qu'on travaille dans la religion comme dans la mercerie. Son langage a un accent mercantile et grossier qui révolte.

« Quand l'enterre-t-on ? Quelle classe prenez-vous ? »

C'est par ces inqualifiables paroles qu'il salue la mère éplorée. L'illustre Gaudissart eut été sinon plus tendre, au moins plus poli ; il eût dissimulé ses véritables sentiments sous quelque formule de compassion banale.

« Devant une société nombreuse, ajoute Mme Mesny dans une notice consacrée à la mémoire de son fils, M. le curé de *** n'a pas craint de dire : Je ne sais pas s'il sera sauvé ! Tant pis s'il n'a pas souffert, il aurait au moins eu le temps de penser à son salut. »

Certes, nous ne nous piquons pas d'une grande science théologique ; cependant, pour peu que nous nous rappelions les souvenirs du catéchisme, il nous semble que l'Eglise interdit formellement aux chrétiens de douter du salut du prochain, et qu'un saint personnage, dont nous avons bien entendu oublié le nom, ne put jamais obtenir les honneurs de la canonisation, précisément pour avoir émis un doute de ce genre.

« MM. Belle et Legrand, poursuit Mme Mesny, voulurent bien aller demander à M. le curé une invitation pour son collègue d'un gros village voisin de vouloir bien honorer la cérémonie de sa présence. Celui-ci reçut ces Messieurs avec un sans-gêne qui ressemble fort à de l'impolitesse. Emmitouflé dans un bon fauteuil, les jambes allongées devant un bon feu, il n'offrit pas même de sièges à ces Messieurs, leur parla dédaigneusement, et après une multitude de phrases entortillées, dit sèchement : « Eh bien ! non, je n'irai pas ! »

Si l'on en croit les racontars de la chronique locale, cet ecclésiastique modèle poussait la logique de ses opinions théocratiques jusqu'à prétendre avoir la haute main dans les ménages de sa paroisse.

Un Grégoire VII à 800 francs par an, quoi !

La maritorne de ce digne homme prit du reste fait et cause pour son maître. Il fallait voir avec quel dédain transcendant, avec quel geste olympien elle parlait du martyr et de « ces autres » qui avaient tenu à rendre un suprême hommage à leur ami.

Ces autres avaient exposé aux balles leurs jeunes et vaillantes poitrines, pendant que les uns — y compris M. le curé et sa maritorne — se chauffaient philosophiquement au coin de leur foyer.

Ce vicaire en jupons poussa l'audace jusqu'à jeter à la face de Mme Mesny cette féroce plaisanterie, digne écho du monde où elle vivait : « Je ne m'en plains pas, moi, des Prussiens, s'ils revenaient, je les soignerais bien ! »

Et il y a des braves gens qui croient à l'influence civilisatrice de l'Eglise !

Une sorte de mot d'ordre circula parmi toute la gent cléricale. Il fut convenu qu'on s'abstiendrait en masse.

Nous laisserons encore la parole à Mme Mesny :

« Un parent de la famille, curé de A***, fut prié de conduire le deuil : il prétexta une mission et un triduum.... *Vous n'aviez pas de prières publiques lorsque vous allâtes chez MM. les avocats les consulter sur vos droits à la succession de Léon Mesny !* »

Un autre, dont le nom a retenti fâcheusement depuis, prétexta un ordre de ses chefs de file.

« Un autre encore avait déclaré qu'il aurait refusé une invitation. Il a raison, je n'avais pas daigné songer à lui !

« Le clergé jugea à propos de forcer les rangs militaires

afin de passer par une porte détournée et abréger la distance à parcourir. C'était un acte de mépris.

« L'office terminé, le clergé était déjà arrivé au tiers du chemin à parcourir pour atteindre le cimetière, que le cercueil sortait seulement du mur de clôture de l'église. Un membre de la famille s'écria à haute voix : Mais, attendez donc ! le corps n'est pas dans un convoi de chemin de fer ! Le clergé s'arrêta, mais pour reprendre bientôt sa marche irrespectueuse.

« .... Une honorable famille du village ouvrit sa demeure et reçut à sa table les officiers et les prêtres. Le curé, toujours oublieux des convenances, fit parade d'une gaieté insolente pendant le repas. Les convives en étaient outrés, considérant avec raison cette gaieté comme un outrage. »

C'est la sueur au front et avec un profond écœurement, que nous rappelons ces faits, qui ont laissé dans les braves populations de la vallée de la Loue d'ineffaçables traces.

C'est une honte pour la société et la civilisation, qu'en dépit de la marche du progrès et de l'amélioration notable des mœurs, l'animalité reprenne d'une façon si éclatante le dessus dans l'humanité.

Veut-on savoir quel prétexte invoquaient ces honorables fonctionnaires de l'Etat ? Ils alléguaient que Léon Mesny avait servi sous Garibaldi.

Garibaldi ! mot magique pour eux, épouvantail de toutes les sacristies de France et de Navarre !

Le fait était faux.

Eut-il été exact, l'illustre aventurier de la liberté cosmopolite n'était-il pas le seul qui eût donné à la France défaillante autre chose que des paroles et des promesses?

Ah! si M. le curé de *** et ses pareils avaient eu du cœur, au lieu de lever les bras au ciel pendant la bataille, comme Moïse — procédé dont l'efficacité est devenue douteuse depuis l'invention des armes savantes, — ils auraient rivalisé de dévouement avec le général italien, ils auraient fait pour la patrie républicaine ce que leur ami Santa-Cruz a fait depuis pour don Carlos.

. . . .

Plusieurs discours furent prononcés sur la tombe du martyr :

« Ils l'ont tué, s'est écrié M. Roy, Henri, d'Arbois. Cependant, tu n'étais qu'un enfant, tu n'avais pas vingt ans, et sans pitié ils t'ont massacré! Accablé par le nombre, tu as succombé en brave, combattant pour la patrie et pour la République. Dors en paix, jeune martyr, nous te vengerons.

« Au moment suprême du combat, ton nom sera pour nous le cri de ralliement, et ton courage nous servira d'exemple. Adieu, cher Léon, adieu! »

« C'est pour ta patrie, a dit M. Sauvageot, avocat, c'est pour ta mère, c'est pour tes parents, c'est pour tes amis que tu as versé ton sang généreux, c'est en héros que tu as succombé.

« Nous t'en remercions, cher ami, nous saurons aussi te venger ou te suivre. »

. . . .

*
* *

L'odieux esclandre du clergé, à propos des funérailles de Léon Mesny, eut un épilogue curieux. La mère, outragée dans ce qu'elle avait de plus cher au monde, ne crut pas devoir en rester là. Elle adressa à M. l'Evêque de St-Claude une lettre ferme et digne, dont nous détachons cette phrase caractéristique : « Ah! il faut que la religion soit vraiment divine pour marcher avec de tels hommes. » L'Evêque, bien convaincu au fond que ses subalternes avaient commis une grosse bévue en s'aliénant, d'une façon aussi violente que maladroite, une famille respectable et une population tout entière, répondit par une lettre prudente et mesurée où, sans citer de noms propres, et tout en enveloppant de formules discrètes les excuses qu'il devait à la mère du défunt, il sut cependant donner une juste satisfaction à ses légitimes susceptibilités.

Voici, du reste, ce document :

St-Claude, 14 janvier 1871.

« Madame, j'ai pris une grande part à la douleur que vous ressentez de la perte de votre digne fils, et *je regrette que vous n'ayez pas eu en cette circonstance toutes les pieuses consolations que votre excellent cœur de mère désirait.* Aujourd'hui, je porterai son souvenir au grand autel et me ferai un devoir de le recommander à Dieu. Confiance en lui et résignation pour vous.

« Recevez, Madame, l'assurance de mon respect.

« Signé : Louis-Anne, évêque de St-Claude. »

Pendant que les hommes de Dieu, plus catholiques que le pape et que leur supérieur direct, déployaient un si désolant excès de zèle, les amis du martyr, tous ceux qui l'avaient connu, à quelque titre que ce fût, ne perdaient aucune occasion de manifester leur profonde admiration pour la mémoire du héros de Nuits.

Lisez plutôt cette lettre :

« Madame, votre première lettre ne m'est point parvenue, ce qui est cause de mon silence et non de mon indifférence.

« Je ne veux point mettre d'obstacle à la seule satisfaction qui vous reste, celle de faire élever un monument au fils que vous avez perdu dans nos tristes guerres. Je comprends trop votre cœur de mère pour vous ravir cette consolation. Quant à l'achat du terrain, permettez, Madame, qu'il n'en soit pas question.

« Monsieur votre fils a donné sa vie pour nous protéger; moi, je puis bien vous offrir le terrain où il a succombé.

« Recevez, Madame, l'assurance de mes sentiments respectueux.   Signé : J. GILLOTTE.

La Ville-Neuve, par Naville (Saône-et-Loire). »

Quelle leçon dans ce rapprochement!

La voilà tout entière, dans son austère simplicité, cette vie si courte et si bien remplie tout à la fois ! D'un côté, le poëme infini des joies domestiques, bonté, courage, beauté, fortune, tout cela réuni sur une tête d'adolescent; de l'autre, une mort obscure, terrible, je dirai plutôt un assassinat.

Les événements les plus minimes recèlent une leçon pour les vivants et une moralité secrète.

Notre histoire, depuis plus de soixante ans, est remplie par une lutte effroyable entre la bourgeoisie et le prolétariat. Les divers gouvernements qui se sont succédé sur la scène politique n'ont dû leur existence et leur force qu'à la peur insensée que les revendications des travailleurs inspirent aux classes dirigeantes ou *digérantes*, comme le disait un penseur de premier ordre. Prudhomme a toujours été l'allié fidèle et en quelque sorte naturel des diverses formes de monarchie que nous avons vues passer.

Pourtant, le rôle que réservait à la bourgeoisie la logique de l'histoire était fait pour tenter son ambition. Fille de Voltaire et du xviiime siècle, il lui fallait tirer les conséquences de la Révolution et continuer 89, en élargissant la donnée première et en recherchant l'application des principes féconds qu'elle avait tant contribué à répandre et à faire accepter par le monde entier.

Elle possédait ces deux forces à l'aide desquelles Archimède voulait soulever le monde : un levier et un point d'appui, c'est-à-dire le capital et l'intelligence.

Il lui fallait rester la tête de colonne de l'humanité, et guider les classes laborieuses au chemin de l'éternelle justice.

Que de fois n'a-t-on pas répété — et celui qui a écrit ces lignes l'a largement proclamé pour sa part — cette devise qui ressemble aujourd'hui à une utopie : « Alliance de la bourgeoisie et du prolétariat ! »

M. Gambetta, qui a été et qui est encore le plus ardent propagateur de cette idée, a oublié d'ajouter que pour la faire accepter, pour l'incarner dans la réalité, il n'y avait qu'un seul moyen, c'était d'insuffler à la bourgeoisie l'esprit de dévouement, c'était de réveiller en elle ces instincts généreux qui ont dicté cet immortel axiome de la *déclaration des droits de l'homme :* « Le corps social tout entier est en souffrance quand un de ses membres est atteint. »

Lamartine l'avait compris en 1848, lui, si réfractaire aux réformes sociales, lui, le représentant accrédité de cette bourgeoisie libérale qui, depuis un demi-siècle mène la France.

Dans son discours sur le *Droit au travail*, poussé par la force de l'évidence, il a prononcé ces remarquables paroles : « Danton s'écriait, à une époque de sinistre mémoire, à une époque où il s'agissait de pousser l'énergie de la nationalité jusqu'aux convulsions, pour la faire résister et déborder en armes contre l'étranger ! Danton s'écriait : « De l'audace ! citoyens, de l'audace ! et encore de l'audace ! » Et moi je vous dis, dans des circonstances plus faciles, dans une crise purement intérieure que nous traverserons, j'en ai l'instinct : « Du cœur ! citoyens, du cœur ! et toujours du cœur pour le peuple, et le peuple donnera le sien à vous et à la République ! »

A ceux qui s'étonneront de rencontrer ces considérations à la suite de la biographie d'un pauvre franc-tireur assassiné par les Prussiens, je répondrai que l'exemple donné par Léon MESNY DE BOISSEAUX est d'une importance capitale. Si jamais cette alliance tant rêvée de la bourgeoisie et du prolétariat se produisait dans le domaine des faits, on rappellera l'histoire de cet héroïque jeune homme qui, par sa naissance, par sa situation, par sa famille, appartenait évidemment aux classes dirigeantes et qui, sans obéir à aucune théorie calculée, poussé par la seule générosité de son ardente nature, par son cœur enfin, s'en est allé donner, au bas d'un côteau de Bourgogne, son avenir, ses dixhuit ans, son sang, sa vie. Martyr signifie témoin. « J'en crois volontiers, a écrit Pascal, les témoins qui se font égorger. »

Aussi, au grand jour de la justice, sur l'autel même de la liberté, lorsque le mot *caste* sera rayé de la langue politique, le nom de Léon MESNY sera gravé en caractères ineffaçables.

Le peuple a la mémoire du cœur, il aime ceux qui le servent, et il voue un culte éternel à ceux qui se sacrifient pour le triomphe de ses droits.

POLIGNY, IMP. DE MARESCHAL.